Pour Brigitte et Valentine affectueusement

Texte et illustrations de
Yolande Ruffenach-Jung

Männele
au royaume des abeilles

Du même auteur aux Éditions du Bastberg :
La cathédrale de Strasbourg - **Le grand secret** *(2008)*
Le Haut-Koenigsbourg - **Nuit blanche au château** *(2009)*
Balade à Strasbourg - **La folle escapade de Lulubelle** *(2010)*
Le Rêve de Mozart *(2011)*
Titom et la Planète Bleue *(2013)*
Le voleur de couleurs *(2014)*
Beethoven - La lettre à Élise *(2015)*
1ᵉʳ prix 2016 - Livre de jeunesse - Salon du livre de Marlenheim
Vite Marcel ! C'est bientôt Pâques... *(2016)*
Les mésaventures du Männele *(2016)*
Männele sauve Saint-Nicolas *(2017)*

Eric le pâtissier fabrique de la pâte à pain d'épices.
Il a besoin de miel.

– Oh ! Les pots sont vides !
Les enfants n'auront
pas de goûter.
Où trouver du miel ?
Il n'y a plus de
fleurs par ici...

Ce matin, l'oiseau bleu de la poste apporte une lettre d'Eric à son ami Männele.

« J'ai besoin de miel.
S'il-te-plaît, aide-moi !... »

Il connaît un petit village caché derrière une grande forêt enchantée.

Arrivé au village secret nommé Heiligenberg, Männele découvre un monde féérique : des fleurs, du soleil, de l'air pur...

Le paradis des abeilles !

Männele aperçoit Violette l'apicultrice.
Elle élève ses abeilles avec amour et passion.

Il lui expose son problème.

– Il te faut parler à la Reine des abeilles et lui remettre ta lettre.
Mange ce miel magique.
Tu deviendras aussi petit et courageux qu'une abeille.

Les sentinelles veillent :

— On n'entre pas !

— J'ai un cadeau pour votre Reine et une missive urgente…

— Fais vite, elle a pondu des oeufs toute la journée et doit reprendre des forces.

— ENTRE !

– *Oui !* dit la Reine, *je vais t'aider Männele !*
Tu sais… les grandes prairies fleuries disparaissent.
Nos sœurs butinent des fleurs empoisonnées et meurent.
Si tu veux, je t'invite à visiter mon palais…
Viens avec moi.

Ici, les fées du logis nettoient.
La ruche doit toujours être propre !

Ces ventileuses battent des ailes pour garder le miel à bonne température.

La Reine « Rose à Miel » sonne le rassemblement.
Les ouvrières accourent…

– Mes filles, notre ami Männele a besoin de miel couleur d'Or.
Nos réserves sont vides. Vous connaissez notre devise :

Repérage ! Récolte ! Transformation !

– Pas une minute à perdre, au travail !
Il fait beau, notre ami le soleil brille,
il vous aidera à trouver les fleurs.

– Prudence mes filles, dit la Reine, regardez bien ces images et surtout retenez les nombreux dangers.

– *Toi, Lili l'éclaireuse,
observe cette carte !
Explore tous ces champs,
mais arrête-toi à cette limite !*

– *Promis, votre Majesté*, dit Lili.

Quel bonheur de respirer le parfum frais des fleurs et prendre un bain de pollen !

Son ami le soleil lui montre le chemin. Elle remplit ses poches de poudre de fleurs et aspire le nectar sucré.

Joyeuse, Lili dessine de grands cercles dans le ciel pour appeler ses sœurs :

– *Ici, ici !*

– *Un peu de repos me fera du bien !* dit Lili en s'asseyant sur un pissenlit.

– *Oh ! Les beaux tournesols,* dit l'imprudente Lili lorsqu'elle aperçoit les grandes fleurs jaunes.

Malgré la promesse faite à sa Reine,
Lili décide de franchir la ligne interdite...

Atchoum...
    atchoum...
        atchoum !

Le soir, dans la ruche,
Lili manque à l'appel.
Que lui est-il arrivé ?

Le lendemain, Männele décide de partir à sa recherche.
En chemin, il rencontre des insectes et les questionne :
– *Avez-vous vu Lili ?*
Le petit scarabée lui propose son aide.

La fourmi revient du marché et suggère d'aller voir du côté du champ de tournesols.

– Soyez prudents, l'endroit est extrêmement dangereux.

Effectivement, quelques secondes plus tard Männele se trouve nez à nez avec un monstre effrayant.

Sauve qui peut ! dit le scarabée,
c'est le pou Varroa destructor.

S'il entre dans la ruche,
il s'accroche sur le dos des abeilles
et aspire leur sang comme un vampire !

Männele grimpe sur le tournesol…

*– Ouf ! Elle respire.
Vite ramenons-la à la ruche !*

Lili est très malade.
Le mille-pattes offre généreusement de la reconduire chez elle sur son dos.

Männele remercie ses amis pour leur aide précieuse.

De retour dans la ruche, Lili est honteuse d'avoir désobéi. Elle marmonne :

– *Pardon votre Majesté… Je vais être punie ?*

La Reine, Rose à Miel, est fâchée :

– *J'ai eu très peur, ne recommence jamais !*

Les abeilles sont nos amies.
Si vous voulez les aider… plantez des fleurs !

> **Si les abeilles devaient disparaître, l'humanité n'aurait plus que 4 années à vivre.**
>
> *Einstein*

De la rencontre magique entre l'abeille et la fleur naît une goutte de miel.

De la rencontre entre, Yolande et Catherine, l'artiste et l'apicultrice, est née cette histoire merveilleuse racontée aux enfants, destinée à les éveiller au monde secret des abeilles.

« Merci à mon grand-père de m'avoir transmis sa passion de l'apiculture et à ma grand-mère son amour des fleurs.

Merci à Yolande pour ses très jolis dessins. »

Catherine Mersy

« Un grand merci à Catherine qui m'a fait pénétrer, sur la pointe des pieds, dans le royaume merveilleux des abeilles. »

Yolande Jung-Ruffenach

Les missions de l'abeille

1. Dès le premier jour de son existence, l'abeille est d'abord fée du logis. Elle fait le ménage de la ruche et la toilette des autres abeilles.

2. Du 2ème au 11ème jour, elle est nourrice. Elle distribue une bouillie de miel et de pollen aux larves.

3. Du 12ème au 13ème jour, elle est magasinière et ventileuse. Elle stocke le pollen et le nectar, bat des ailes pour maintenir une température d'environ 30° à 35 ° dans la ruche et permettre l'évaporation de l'eau du nectar.

4. Du 14ème au 17ème jour, elle est architecte. Grâce à ses glandes cirières, elle construit des petites alvéoles en cire qu'elle assemble les unes aux autres.

5. Du 18ème au 21ème jour, elle est sentinelle. Elle surveille l'entrée de la ruche et communique avec ses antennes. Tout inconnu est repoussé. Les voleurs de miel sont chassés à coups de dard.

6. A partir du 22ème jour, elle est butineuse. Elle part récolter le pollen et le nectar des fleurs pour la production du miel.
Elle meurt quelques jours plus tard après avoir parcouru près de 700 km.

Les habitants de la ruche

La Reine appelée aussi la mère. Elle se distingue des autres abeilles par sa taille : 1,8 centimètre. Elle ne quitte la ruche que pour se reproduire. Tous les mâles la suivent. C'est le vol nuptial. Elle a un dard mais ne pique pas. Son rôle est de pondre jusqu'à sa mort.

L'ouvrière est la fille de cette reine. Elle est incapable de se reproduire. Ensemble les ouvrières forment un peuple bien organisé avec des règles précises et cela depuis l'antiquité.

Le Mâle ou faux-bourdon est destiné à s'accoupler avec la reine. Il est le père de toutes les abeilles. Il n'a pas de dard et ne semble pas travailler, mais on lui attribue un rôle de stimulation de la ruche.

Quelques chiffres

- Les abeilles sont sur terre depuis 100 millions d'années.

- C'est le seul insecte capable de fabriquer sa nourriture… et l'homme exploite la production.

- Son poids est de 0,1 gramme.

- Elle ramène à la ruche la moitié de son poids, soit 0,05 gramme.

- Elle fait une vingtaine de voyages par jour.

- Pour 1 kg de miel, elle doit faire 50 000 voyages.

- 1 kg de miel représente 14 000 heures de travail.

- L'abeille travaille jour et nuit sans répit jusqu'à sa mort.

- Sa durée de vie est de 5 à 6 semaines en été et de quelques mois en hiver.

- Une ruche contient jusqu'à 80 000 abeilles et une seule reine.

- La reine pond 2 000 œufs par jour à raison de plus d'un œuf par minute.

- La reine a une durée de vie de 4 à 5 ans. Pour reconnaître l'année de naissance d'une reine, l'apiculteur la marque d'un point de couleur : soit rouge, vert, jaune, bleu ou blanc. (Les enfants imaginent qu'il s'agit d'une couronne.)

- La reine est nourrie à la gelée royale, les ouvrières et les faux-bourdons au pollen et au miel.

© Éditions du Bastberg
2, Impasse des Arquebusiers - 67500 HAGUENAU
Dépôt légal : 2eme trimestre 2018
Mise en page : Joël Boos
Imprimé en CEE par PBtisk

Toute reproduction, traduction ou adaptation, partielle ou totale, du présent ouvrage, par quelque procédé que ce soit, est interdite pour tous pays.

www.editions-bastberg.fr